Du même auteur :

1) LA GRANDE PALABRE. Editions EDILIVRE APARIS, Juin 2010. N° ISBN : 978-2-8121-3471-5 (Théâtre) 56 pages.

2) ENCRE NOIRE ET PLUME BLANCHE. Editions EDILIVRE APARIS, Juin 2010.
N° ISBN : 978-2-8121-3547-7 (Poésie) 106 pages

3) Mon cœur et mes amours oniriques. Editions EDILIVRE APARIS, Août 2010. N° ISBN : 978-2-8121-3721-1 (Nouvelles) 68 pages.

4) TAM- TAM ET CHANT POETIQUE. Editions EDILIVRE APARIS, Août 2010. N° ISBN : 978-2-8121-4100-3 (Poésie) 66 pages.

5) RIMES D'ENFANT. Editions BoD, Août 2010. N° ISBN : 978-2-8106-1960-3 (Poésie) 28 pages.

6) <u>HYBRIDE ROMANCE et La complainte de la vierge souillée</u>. Editions BoD, Août 2010. N° ISBN: 978-2-8106-1988-7 (Théâtre) 24 pages

7) <u>EXALTATIONS ET LAMENTATIONS</u>. Editions BoD, Septembre 2010. N° ISBN : 978-2-8106-1904-7 (Poésie) 52 pages.

8) <u>A FLEUR DE TEMPS</u>. Editions Baudelaire, Septembre 2010. N° ISBN : 978-2-35508-600-7 (Poésie) 74 pages.

9) <u>UNE ETOILE DE PLUS « Serge Abess »</u>. Editions BoD, Juillet 2011. N° ISBN : 978-2-8106-1991-7 (Biographie) 106 pages.

10) <u>BLESSURE ET BRISURE DE VIE</u>. Editions BoD, Juillet 2011. N° ISBN : 978-2-8106-1359-5 (Poésie) 72 pages.

11) <u>ECLATS LYRIQUES</u>. Editions BoD, Juillet 2011. N° ISBN : 978-2-8106-2150-7 (Poésie) 180 pages.

12) <u>LETTRES PARNASSIENNES</u>. Co auteur Rodrigue Makaya Makaya, Editions BoD, Janvier 2012. N° ISBN : 978-2-8106-2214-6 (Poésie) 72 pages.

13) <u>LA LAGUNE PERDUE</u>. Editions BoD, Février 2012. N° ISBN : 978-2-8106-2454-6 (Poésie) 56 pages.

14) <u>LA BRUNE DES GENIES.</u> Editions BoD, Mars 2012. N° ISBN : 978-2-8106-2476-8 (Roman) 88 pages.

15) <u>EFFLUVE DE LYS ET MELANCOLIE</u>. Co auteur Melissa KOMBILA, Editions BoD, Juin 2012. N° ISBN: 978-2-8106-2422-5 (Poésie) 64 pages.

16) <u>FLEURS DES IDYLLES FANEES</u>. Editions BoD, Août 2012. N° ISBN : 978- 2-8106-2546-8 (Poèmes épistolaires) 112 pages.

17) <u>ADIEU MONDE</u>. Editions BoD, Novembre 2012. N° ISBN : 978- 2-8106- 2612-0 (Poésie) 80 Pages.

18) <u>KIMIA</u>.
Editions BoD, Juin 2013. N° ISBN : 978- 2- 3220-3071-2 (Roman) 200 pages.

19) <u>L'ODE A L'AUBE</u>.
Editions BoD, Juin 2013. N° ISBN : 978- 2- 3220- 3113-9 (Poésie) 80 Pages.

D'OMBRE ET D'UTOPIE

Jannys KOMBILA

D'OMBRE ET D'UTOPIE

A Rêve MVELE NAMBO.

DE LA MUSIQUE DES MOTS...
CANTATE OFFERTE A Jannys
KOMBILA. (Poète Gabonais)

Une berceuse a remué mon âme
ancienne, vieille de 5000 ans
Par le battement de ses mots et le
souffle de sa Lyre.
Tout alors a fredonné comme une
Cantate en ré triomphant.
Ce texte - venu Terre natale a ravi
mon Esprit par son Dire.
Comme naguère la Pythie de
Socrate goûtant le poème d'Ésope.
Vers haletés de concision
d'intelligence et de syncope.
Halos de mots mesurés, à la vérité,
justes, rythmés avec grâce.
Subrepticement trémoussés par ce
ressac musical sans trace.
Habitation du poème authentique,

sans déchet ni dérivation...
Et ces mots galvanisent autant la poésie elle-même que les violons. Éternels Génies des Nuées aux ailes exiliques et solitaires.
Les théoriciens, poéticiens, derridiens et rortyens en mes Nuits délétères y ont pointu du "novum", avec cette bravade que vous arborez par un art lexical, qui vous sacre Albatros de cette nouvelle génération libérée de poètes gabonais au burin de votre plume se tient désormais la Muse
venue du lointain pays des Songes, tirer des Cieux les Écluses.

Pr Grégoire Biyogo, Politologue, égyptologue, auteur de plusieurs essais, philosophe, poéticien et écrivain.

AUX DESTINS IMPUNIS.

Aux destins impunis
Nous nous retrouverons
Sommant au divin
De réécrire nos chemins
Archer des tempêtes
Au plus haut des voûtes
Fore le cœur du monde
Comme à l'embrasure
Renaîtra le dernier né
Aux destins infinis
Nous nous regarderons
Les visages ravinés
En sang de seing

Et mon peuple rameuté
Aux exhortations chantées
Trépassera aux brunantes péries
Triompheront les blanches ombres
Armées d'étranges catacombes
Et tombe l'ultime belliciste
L'arme à l'honneur déchu.

VERSANT.

Claironnons !
Claironnons !
Les cloches dorées
Des idylles dulcifiées
Et dulcinées aimées
Colorons !
Colorons !
En signe aimant
L'amour donné
En pardon d'éternité
C'est à ton chemin
Que je donnerai mes pas
Mourir pour vivre
Près de tes yeux
En tourbillon séraphique
Emporte- moi en sillon
Loin des vallons essaimés

C'est à ton jardin
Que je coucherai mon repos
Refaire fleurir
En sentiments éclos
Les jolis lys
Aux fragrances en folie
Qui délient l'âme
Des torpeurs encloses
Claironnons !
Claironnons !
Les cloches en orée
Des années brisées
J'entends en toi
Siffler la vie.

ALLONS S'AIMER.

Allons s'aimer !
Allons semer !
Les bonheurs humeurs
Comme ton sein
À mes yeux voilés
Sur mes mains
A mon cœur dévoilé
Et toi, étoile bistrée
Brise de sourire
Et faner les maux
Près des rires éclipses
Effarer sur ma peau
Les félonies et
Frêles mélancolies
A la vie notre
Romance paradis
S'illumine, en
Soleil d'enfer

Et feu ! Sur
Les plaies de douleur
Et creux, mon cœur
À toi conquis
Moi, je nous aime
Allons semer !
Allons sceller !
Les promesses atermoyées
Sur les écorchures
Ici, tout fuit
Les désirs et la nuit
Ici, la pluie détruit
L'amour et les bruits…

O ! HOMME.

O! Homme !
Voilà que le glaive épointé
Comme ton verbe émorfilé
Transperce le ventre
De l'humaine raison
Et les maux
Soufflant aux mots
Les fêlures mûres
Les blessures en cure
Des êtres en luxure
Ces vérités et tortures
Et hurle ma cruelle douleur
Et coule de ta verve
La sève vénéneuse
Qu'ils crèvent !
Les abjects pouvoirs
Et pouah ! Hoirs noirs !
Ma conscience jour
N'est pas à vendre.

CHANT DE SOUVENIR.

Ce chant de souvenirs
En rêverie et féerie
Danse ma dense rivière
Et l'onde éclaboussée
Ecumant ton regard blousé
Et grondent les nuits
En orage du passé
Tes versants cendrés
En savane bercée
Comme cette douce
Jeunesse aimée
Des femmes aux
Larmes endeuillées
Murmurant à ta vie
Ces regrets effeuillés
Et aux jours heureux
Un peu de douceur
De nostalgie retrouvée.

Ô MORTS.

Ô morts !
Pleurons nos vivants
Voilà que s'élève l'oraison
Des êtres fourvoyés
Près des sépulcres saisons
L'humanité exsangue
Et la vie désenchantée
Clame fiel et terre
Ô morts !
Rendons corps
A nos âmes ôtées
Les ténèbres s'éveillent
Sur les ossuaires enfouis
Marchons crâne haut
Sans peur de chair
Vers les funestes cortèges
Ô mortels !
Ici, ne gît que mon ombre.

MON AMI…

Mon ami
Mon frère
Le temps vieilli se perd
Sur les remords des destins
Sur les raccords de déclin
Et toi, parti vers
Les cycles prédits
Contre volonté
Chercher l'envie
Aux vents chauds essaimés
La trouveras-tu, l'aimée ?
Et, moi, pardi !
Se meurent mes récits
Au couchant
Longtemps j'ai attendu
Le regard abandonné
En larme priée
Qu'il me prenne
En félicité renouée

L'amour chancelant
Comme la vie
Nous conduisant
Vers les percées
Et rêves épris
Mon ami
Mon frère
Nos pères en
Mémoires, endormis
A jamais aimés,
Nos devoirs promis
Nos joies et
Humeurs de folies
Poussant les portes closes
Des oblongs et
Espoirs moroses
A la vie
Nous embarquerons
Vifs, sur les chemins
Et cryptes illuminés.

ET SI DE MÊME…

Et si de même
Tu m'aimes
Comme une marque
À ton cœur
Saillant les doutes
Au reflet d'eau
Dos à moi, de toi
Mon être apprend
Prends alors l'or
De mes mains
Ne crains l'ivresse
Sentiment grand
Dans tes yeux Dieu
Ne voit d'adieu
Aux cieux j'écrirai
Mes vœux pieux
Si près des chagrins
S'effacent les matins

Loin des lendemains
S'en iront les tourmentins
Et si de même
Tu m'aimes
En exil de péril
Fuyant les fumées
De dérisions sans
vision d'envers
Un ver brisé et
Tes poings blessés
Un air de brise
Sur tes peurs écachées
Ce baiser rêvé
Sans attente clamée
Alarmer mes espoirs
En vie donnée.

J'AI VU LA LUMIERE.

J'ai vu la lumière
Des destins sombres
Des portes des humanités
Brisées sur
Les miroirs d'histoire
Laquelle histoire ?
Mon noir fait tache et
Fâche la blanche logique
Des feux de civilisation
Au crépuscule des mondes
Onde de choc
Outrage mon roc
Ma vie loin d'ici
Des insensés dits et
Parti tri, pris comme
Des pièges de prison
Poinçon de drames
Poison d'âme

A l'hameçon se blesse
Ma liberté emmurée
Du sang crucifié
Près de ma fraternité
Mes égales alitées
Et frasques escarpées
A la lyre l'amour
La folie me berce
En bras de jour
Les raz de marée, partis
Instants prédits décrits
Comme cette brume
A l'eau abhorrée
Je renais éclairé sur
Les cendres de la vie

J'ai vu la lumière
Des prophétiques
Un livre refermé
S'ouvrant à l'illuminé
Prends ma vérité et lis !
L'erreur est dans
Ce qu'on entend
Va-t'en ! Et tends
Tes ailes de curiosité
Va mourir enfin
Loin des doutes
Et fais route sur la voie
Où les questions
Naissent en réponses.

A MOI TON CŒUR.

A moi ton cœur
Ame d'émoi
Pour si peu je pleure
En dire et joie
L'amour je crois
Est un feu au
Creux des leurres
A moi tes peurs
Flamme d'obscur
La nuit est faite
D'ombre et d'utopie
Quand tes yeux
Éplorés s'endorment
A mes rêves tu es forme
Et par toi s'oublient
Les tempêtes et
S'apprêtent les silences
L'errance et l'abîme

A voix de chœur
A quoi se meurent
Les absences et pensées
Quand demeure
La présence des souvenirs
En nuage d'éphéméride
Ma langue nouée
A ton sein voué
Flouer l'amour
Aux sentiments cloués
Derrière les regards
Se cachent les soupirs
Et dans tes cheveux
Me ravir et souffler
A l'envie parfum
Nos promesses flétries

A moi ton cœur
Pour si peu je pleure
Si je ne peux
Te voir partir
Comprends que
La solitude m'écœure.

...UN DERNIER POEME.

Lis-moi un dernier poème
Ma vie s'en va en bohême
Lie- moi aux mots que j'aime
Tout me semble déjà blême
Enjoliver les pardons perdus
Ces chemins de vie
À perte de vue
Pourquoi pleurer la nuit
Quand le ciel est silence éblouit
J'ai cherché les sourires de vie
Dans les flammes d'âmes sévies
Des yeux livides
Un regard évidé
Partir et reconstruire
Ses rêves vidés
Les années nous accablent
Et l'attente
Ce trop loin devenir
M'impatiente

Lis-moi un dernier poème
Ma vie s'en va en bohême
Lie- moi aux mots que j'aime
Tout me semble déjà flegme.

SERAS- TU LA…

Seras-tu là
A l'oraison de ma vie
Le glas sonné
Les cloches tonnées
La foi auréolée
En aura bariolé
La pluie en trombe
Sur les tombes anciennes
Karma amas
Pas de trépas
Attache-moi sur
Les pas mats
Je veux éprouver
L'antre accalmie
Et l'après- vie
Un autre visage
Des clairs voilages
Des saisons vaporeuses
Des chants allégoriques

Seras-tu las
Après le vide
Et les silences
Le vélum tombé
L'étoile comblée
La croix inversée
Et les orages crépités
Ô vie ! M'entends-tu ?
S'est éteint le firmament
A la gloire mes estimes
Flamboient les cantates
Les lais embrasés
Flammerole chthonienne
Souffle ton feu de soleil
C'est en escarbille que
Je traverserai le néant.

Ô NUIT.

Ô nuit !
Parle- moi de ton silence
Le noir est sans frayeur
J'entends tes pas
Dans ma tête
Quand mes rêves
Sont sans corps
Et mes yeux
Dans l'ombre
Cherchent son réel éclat
Ô nuit !
Dis- moi ton étrangéité
Comme aux songes
Ton sourire est ton voile
Cette grande toile sombre
Qui se perd entre mystère
Et taire ces couleurs
De fiction fluctuation
Mon ondulation

Fracasse la tourmente
Ta vie près de la mienne
En solitude et
Morose envie
Ils sont là…
Et m'observent
Leur voix de brume
En écume de chant
Perce mes perceptions
Obstinées et destinées
Ô nuit !
Sans visage présage
Tes marques invisibles
Dans ce néant indivisible
Spectres maudits
Vivants des outrepassés
Entendez-vous
Cette douleur sourde
Mienne et leurre larmoyant

Tant de passés nous lient
Comme ces liaisons
De torpeurs et dols
Mes soirs proches
Des lumières filoches
Qui me retiennent
Suis-je prisonnier
D'un tout trou
Cet oubli des
Âmes migrantes
A chaque vie traversée
Ô nuit !
Encore attends !
Parle- moi de
L'angoisse des êtres
Où vont-ils si souvent
Quand s'en vient le déclin.

LEQUEL CHEMIN…

Lequel chemin
Est mien
Lequel demain
Est tien
Ici les aubes
N'ont de clarté
Tout s'éteint
En signe d'astre
Les pages triturées
De nos vies
Écrites du sang
De l'espérance
Il ne reste
Que ces mots
En oralité du soir
Cette terre où
se lisent les augures

Toutes nos
Croyances ternies
Et nos voies
Hier encore béantes
A jamais dissimulées
En proscrit
Comme ces
Feux de nuit
Sans sang
D'arbre divinité
Lequel parchemin
Est mien
Lequel lendemain
Est tien
Les nôtres
N'y sont plus

Longtemps
Ils ont attendu
Labourant
L'ardu patrimoine
Et les mains
En heure de vie
Sur les champs
De tombeaux
Partis avant
Les vents et récits
Avons- nous gardé
Quelques regrets
Des pagnes aux
Portraits de deuil
Et toi fils expatrié
Où vas-tu enterrer
Les reliques qui
Portent tes stries.

BELLE ESPERANCE.

Sera là
L'amour un matin
M'apportant
En roseau teint
Les frêles parfums
Et panacée
Harassé je l'attendrai
Angoissé je m'abstiendrai
Faiblir devant
Les dégrisements
Envolés échappés
Les humeurs crénelées
Bonheur et frisolée
Elle me sourira
En perle de gaieté
Ses yeux d'argent
Miroitant
Mon émotion ruisselée

Son cœur en
Charme chantant
Ma raison muselée
Et ses rêves
Se posant à
Fleur de mots
Sur ma peau
Près de cette aimée
Emoussé
Je me tiendrai
En
Ange d'amour infini.

ET SI DEMAIN…

Et si demain
Sans les foudres
De la vie
L'amour en
Toi, s'illuminait
Et si dans ta main
Sans les stries
De destin
Le jour te
Prédéterminait
Belle âme !
Vers moi rame !
En rivière de saisons
Coule en moi
En flot éternel
Ma vie désenchantée
Est un labyrinthe
D'errance

Et si demain
Sans les flambées d'accroc
L'amour en toi renaissait
Et si dans tes yeux
Sans les brunantes de fin
L'espoir te couronnait
Sonnant les épithalames
Et clame
Mon émoi alarmé
Mon cœur lâché
Retiens-moi maintenant
Demain il sera trop tard.

CE TROUBLE PASSE.

Rouvrir les tiroirs clos
Des portées du passé
Un doute dans un cristal
Se brisent les semblants
Mon regard libéré des peurs
Et supplices éplorés
Eclore encore nos vices
Reviennent les notes jouées
Des anges en corps enjoués
Fuyant les abysses échos
Aux ténèbres reluisant
Il n'y a pas d'ailleurs
Effaçant nos destinées
Il n'y a pas de leurre
Effarant nos cécités

Ces vies embarquées
Ces cris enfermés
Ma voie tintinnabulée
Ma quête cette dette
Mon âme cette flèche
Si loin propulsée
Aux monts insondables
Comme à l'aigle royal
C'est de là-bas…
Que je flamboierai.

UN SOUFFLE CELESTE.

Je cherche
Un dieu comme
Le souffle insaisissable
Du ventre céleste incréé
La chimère aimée
Repenser l'ailleurs dôme
Un nouveau déluge
S'oublient les ailes
Les anges temporels
Infidèles mortelles
Est-ce ma face
Le monde
Ma race
L'immonde
Ou la création
S'en allant
Sous les ombrages
À pas lent

Tant de choses
Nous éclairent
Temps et lumière
Sans éclairs
Je cherche
Un dieu comme
Ces plaies cicatrisées
Sur mes cendres d'homme
Poussières des saintes tombes
Elevant ces âmes silhouettes
Et le vent du levant
A mon coucher s'illumine
Le soleil en pérégrination
Qui sait quand s'éteindra
Cette intérieure voix
Silencieux est mon karma
Et cette lame édile
Sans larme et vil

A ma question itinérante
Quel était mon principe
Sans l'eau de là
Tu t'élèveras
Vers cet autre au-delà.

UN SI DOUX COUCHER.

Comme les nuits endormies
Ont cessé de souffler
Les vents en lustre d'espoir
Ma main te retenant
Ma voix te suppliant en lyre
Sur ces notes en sonnet
Sonnant mon désarroi
Un dernier soupir
Près des dernières
Larmes de sourire
S'en va ton cœur lourd
Sur ces chemins où
L'on ne revient que
Lorsqu'on a tout oublié
Déjà s'envolent
Les parfums de regrets
Déjà s'enrôlent
Les parjures et recueils

Sur les pages raturées
Il ne reste que l'encre
Et les mots relus
Des souvenirs voulus
Amour de Vénus
Quêtant vie et atmosphère
Ma sphère détruit
Ta chair enfuit
Si chers nous étions
A nos sentiments
Désormais éplorés
Noyer les flots chantant
Les si tôt ruptures
Capturer le temps récusant
Les amours futures
T'en aller sans te retourner
Avancer sans te détourner
Des promesses et
Caresses fautives sur
Nos lèvres déjà craintives

Partir sans vouloir rien effacer
Détruire en voulant tout emporter
Peut- être est-ce l'heure
Te dire que je me meurs
N'écrire que mes humeurs
En noir et douleur
De cette douce tumescence
Etait-ce un leurre
D'avoir cru que
Tout allait si bien
Et mon regard espéré
S'effaçant en ombre de soleil
Dans tes yeux à l'amour couché
J'attends vers moi venir
Les chagrins des lendemains
J'entends cet air que
Fredonne ton cœur
Quand le bonheur me
Reprend toutes ses joies.

A JAMAIS NOUS…

A chaque aurore
Nous nous aimerons
A chaque crépuscule
Nous nous quitterons
Comme les amants maudits
Marchant sans rêve
Vers les destins choisis
Vers les hasards croisés
Viens ! Ma Marguerite
Viens ! Avant l'automne
En foliation radieuse
Enjoliver les baliveaux
Aux noces des bien- aimés
S'éveille en vermeil l'amour
Tiens ! Ma blanche merveille
Cette couronne de soleil
C'est pour toi que luit
La vie, vois-tu !

Ici, les fleurs ont
Ton parfum d'enfant
Ici, les cieux ont
Ton regard berçant
Quand se cache l'horizon
Vers toi nage l'océan
Panser tes anxiétés
S'envoleront les colombes
Noires aux frénésies nocturnes
Viendras-tu encore
A mon chevet
Rassurer mes nuits concaves
A chaque aurore
Nous nous aimerons
A chaque crépuscule
Nous nous quitterons
Comme les amants bannis
Cherchant sans crainte
Les brasiers des bluettes promises.

DESILLUSION.

Un jour, faneront
Tous ces je t'aime
Un jour, finiront
Tous ces jeux thèmes
Trop d'amour proclamé
Et de présence réclamée
Encore un adieu
Sans pleurs radieux
Une attente interminable
Mornes nuits abominables
Se rassurent mes blessures
Des tendresses de césure
T'en iras-tu vers l'inconnu
L'âme éraflée le corps à nu
Comme ce linceul écorché
De nos obscurités entachées

Un jour, faneront
Tous ces je t'aime
Un jour, finiront
Tous ces jeux thèmes
Si ce passé me revenait
En émois où se devinaient
Les petits baisers lampés
Les désirs aisés nappés
Je marcherais le regard bardé
Le cœur, à la main, bandé
Et toi demeurant cet éphémère
Eclat m'éclaboussant en chimère
Un midi aux prunelles mâtinées
Un mi, dit sans fa, sol, chiné.

DESEQUILIBRE.

S'emmêle ma conscience
L'humaine folie et la science
Tout me ramène aux ombres
A la mystique éclectique
Penser le néant
Où se vident les océans
Espace mon arcane
Ma muse m'entraine
Vers les flammes de l'astral
Recluse mon élément
Souffle mon essentialité
Tout paraît chancelant
La destinée, et l'innée
S'emmène la raison
Édifiant l'idéalité
L'existence ma transe
La mort mon errance

Je me perds sur cette terre
Comme vous, naviguant
Dans cette sphère chaotique.

VERS UN AUTRE MONDE.

La vie, ce vagin profond
Masturbant ma chasteté
Et ces lois éplorées
Et ce moi inexploré
Me sommant en malice
De perforer l'étrangéité
M'enivre l'opium de l'orgie
Cette nature funeste
M'empoisonne l'âme
Tous ces tambours de blâme
M'endiable l'argent
A autrui je m'écœure
Sur ces corps efflorés
Déversant leur baroque
Jouissance dépêtrée
La vie, ce ravin profond
Et le monde en pulsion
L'avenir en expulsion
Perdant sa noble vision

Otez- vos enveloppes
Sentez la chair s'évanouir
Et l'onde m'envahissant
Une quiétude en quatrain
Et l'envie me haïssant
La générosité me hissant
Ma foi en ravissement
Voilà sombrer le mépris
Avec lui l'homme et
Son éternelle hostilité
M'en aller vers
Un autre monde
Sans race
Sans face
Sans crasse
Sans trace d'histoire
Juste une vie
Un rêve en nuit constellée
Et mon aube en soleil ailé.

PRES D'ELLE…

Ces lumières et galaxie
Nos layons et ataraxie
Lointains les diadèmes
De nos vies suppliciées
Amènes les derniers rêves
A terme les années lustrées
De nos espoirs psalmodiés
A quand les astres nôtres
Un peu de bonheur diapré
Un peu d'hiver chamarré
Sous les tropiques saisons
La misère a racorni mes yeux
Et ces empierrés de sang
Dans mon regard débonnaire

Ma nuit sans lune
Déjà s'éteint la vie
Si demain nait sans clarté
Qui viendra me chanter
Les derniers couplets
De ces ritournelles infinies
En récital de palingénésie.

SUR LE LAC…

Sur le lac
J'ai déversé ma mémoire
Au soir des complaintes
Et l'onde noire coruscante
En brume de simulacres
M'invitant à traverser
Dansait la danse des trépassés
Mes yeux affriolés
Se revivifiaient
Des ombres andrinople
Les âmes enchainées
De flots de feux
Louangeaient les ténèbres
Les mystères de la terre
Sur le lac
Me suis-je abandonné
En éphémère escarbille
Suppliant à l'Inconnu
De me préserver des regrets

A jamais me scellant
Au flux qui s'en va
Et s'écoule en espérance
Sur les visages des êtres
Qui attendent ici
Où ailleurs que la vie
Ne soit plus un fardeau.

UNE VIE ILLUSIONNEE

Et si leurrés
Nous avions été
Une vie entière
Illusionnée
Le génie voilé
Portant les visages
De sombres mirages
L'âme grisée
Et empoisonnée
Nos chemins à
Jamais perdus
Nos joies vécues
Désormais restituées
Et les sanglantes giclées
Près de mes yeux châtiés
Par les guerres de pouvoirs
Et la mort en mémoire

Et si blessés
Nous avions été
Sur les sépulcres ignorés
Des amours données
Au cœur lâché
Ma race primant
L'histoire avachie
De tous les dieux
Est-ce le diable que
Nous avons vénéré ?
Près des repentirs
La peur de la vie ou
La crainte de la mort
Et si abandonnés
Nous avions été
A notre sort crucifié.

© 2013, Kombila Jannys
Edition : BoD - Books on Demand, 12-14 rond-point des Champs Élysées, 75008 Paris
Impression : Books on Demand, Allemagne
ISBN : 9782322032969
Dépôt légal : octobre 2013